日本医療企画 教育・出版事業本部 企画編集

平尾 俊郎 著

子どもたちに
〝介護のほんとう〟を伝える本

介護ってなに?

JMP 日本医療企画

●表紙デザイン：能登谷勇（株式会社日本医療企画）
●表 紙 画 像：©beeboys-Fotolia.com
●本文イラスト：イオジン 小牧良次

はじめに

まずはお年寄《としよ》りをよく知《し》ることから始《はじ》めよう

バスや電車《でんしゃ》に乗《の》ると必《かなら》ず優先席《ゆうせんせき》があります。病院《びょういん》には朝早《あさはや》くからお年寄《としよ》りが行列《ぎょうれつ》をつくっています。スーパーや公園《こうえん》では、車《くるま》いすの人《ひと》をよく見《み》かけるようになりました。私《わたし》たちが暮《く》らす社会《しゃかい》に、お年寄《としよ》りがどんどん増《ふ》えています。

さて、ここでクイズ。お年寄《としよ》りが増《ふ》えれば増《ふ》えるほど必要《ひつよう》になるものって何《なに》ですか？

——答《こた》えは「介護《かいご》」です。

4人《にん》に1人《ひとり》がお年寄《としよ》りという高齢者《こうれいしゃ》の国《くに》になった日本《にほん》では、大人《おとな》だけでなく子《こ》どもも介護《かいご》についての知識《ちしき》を深《ふか》め、社会《しゃかい》の一員《いちいん》として介護《かいご》のお手伝《てつだ》いをしなければなりません。

それはいいけど、「ところで介護《かいご》ってなに？」と皆《みな》さんは思《おも》うにちがいありません。

そこのところを分《わ》かりやすく説明《せつめい》するのがこの本《ほん》です。

介護《かいご》とはなにか、なぜ介護《かいご》が必要《ひつよう》なのか——それはお年寄《としよ》りをよく知《し》ることから始《はじ》まります。

もくじ

第《だい》3章《しょう》

第《だい》4章《しょう》

第1章

介《かい》護《ご》って何《なん》ですか？

「介護《かいご》って何《なん》ですか？」

毎日《まいにち》の暮《く》らしの中《なか》で、介護《かいご》ということばを耳《みみ》にするケースが増《ふ》えてきました。たとえば「○○さんの家《いえ》は、今《いま》、介護《かいご》で大変《たいへん》なんだよ」「ウチもそろそろ、おじいちゃん（おばあちゃん）の介護《かいご》を考《かんが》えなくちゃ」とかです。また、最近《さいきん》、あちこちで「介護《かいご》」という漢字《かんじ》を目《め》にします。たとえば「介護保険《かいごほけん》」だとか、「介護付《かいごつ》き有料老人《ゆうりょうろうじん》ホーム」などです。

なんとなく意味《いみ》は分《わ》かると思《おも》いますが、それでは「介護《かいご》って何《なに》？」「看護《かんご》とどうちがうの？」と聞《き》かれるとうまく答《こた》えられません。

年《とし》をとってからだが弱《よわ》くなり、病気《びょうき》や障《しょう》がいをもったりすると、自分一人《じぶんひとり》で毎《まい》日《にち》の暮《く》らしを続《つづ》けていくのが難《むずか》しくなります。そうしたお年寄《としよ》りに対《たい》して、〝生《せい》活《かつ》に必要《ひつよう》なお世話《せわ》をすること〟を介護《かいご》といいます。

これに対して「看護《かんご》」は、病気《びょうき》になった人《ひと》のお世話《せわ》をすること。看護《かんご》を必要《ひつよう》とする人《ひと》は、子《こ》どもも大人《おとな》も、もちろんお年寄《としよ》りもいます。年齢《ねんれい》は関係《かんけい》ありません。介護《かいご》を必要《ひつよう》とする人《ひと》の大半《たいはん》はお年寄《としよ》りです。病気《びょうき》の人《ひと》もふくまれますが、ここが看護《かんご》との大《おお》きなちがいです。

最近《さいきん》は病院《びょういん》に限《かぎ》らず、駅《えき》や公園《こうえん》や街《まち》の中《なか》でも、車《くるま》いすで移動《いどう》する人《ひと》をよく見《み》かけるようになりました。介護《かいご》ということばに、お年寄《としよ》りを乗《の》せた車《くるま》いすを押《お》す場《ば》面《めん》をイメージする人《ひと》も多《おお》いのではないでしょうか。

でも、これは介護《かいご》のほんの一部《いちぶ》にすぎません。食事《しょくじ》がお年寄《としよ》りののどにつかえないようにおかずを小《ち》さく刻《きざ》む。自分一人《じぶんひとり》で服《ふく》が着《き》られなくなったお年寄《としよ》りを手伝《てつだ》う。トイレがうまくできなくなったお年寄《としよ》りのおしりをきれいにする。これらもみんな介護《かいご》です。

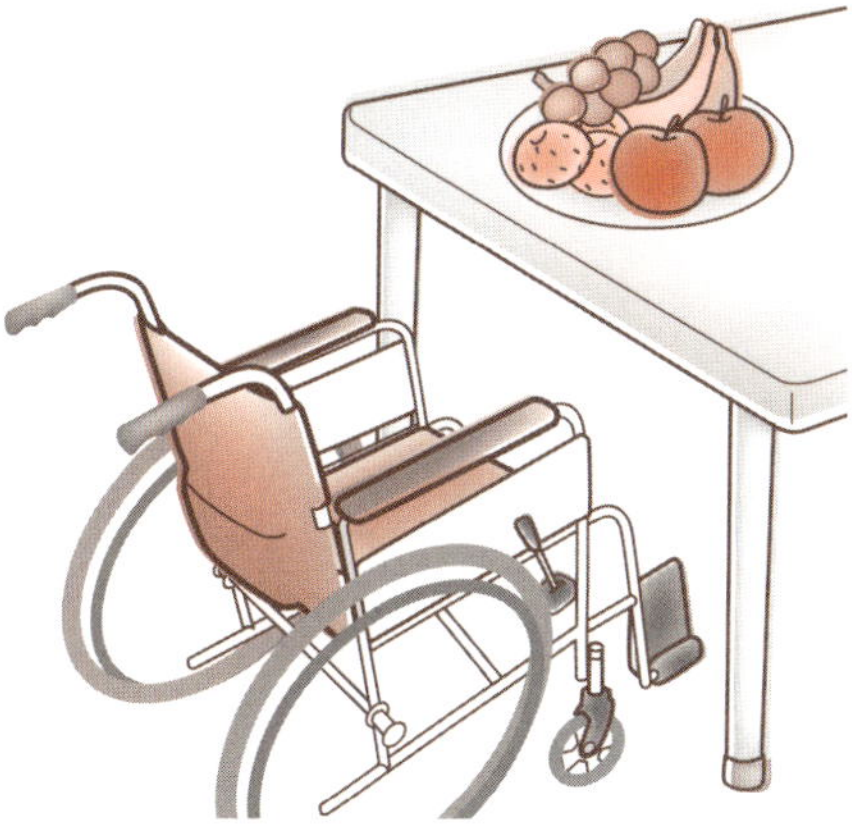

介護《かいご》とはお年寄《としよ》りの日々《ひび》の暮《く》らしを支《ささ》えることです。病院《びょういん》や老人《ろうじん》ホームの中《なか》だけで行《おこな》われるものでなく、お年寄《としよ》りが暮《く》らしている家《いえ》でも介護《かいご》は必《ひつ》要《よう》になります。

「なぜ、介護《かいご》が必要《ひつよう》なのですか？」

人《ひと》はだれも年《とし》をとると老化《ろうか》が始《はじ》まります。記憶力《きおくりょく》や判断力《はんだんりょく》が弱《よわ》まり、内臓《ないぞう》や神《しん》経《けい》などの働《はたら》きがおとろえ、からだを支《ささ》えていた筋肉《きんにく》の量《りょう》が減《へ》り、関節《かんせつ》も固《かた》くなります。

お年寄《としよ》りになると、ちょっとしたことでつまずき転《ころ》んで、大《おお》ケガをしたり、人《ひと》によってはおしっこをがまんできなくなるなど、若《わか》いころには考《かんが》えられなかった不便《ふべん》なことが起《お》こります。おそかれ早《はや》かれ老化《ろうか》はだれにでも訪《おとず》れます。

からだが自分《じぶん》の思《おも》うように動《うご》かなくなると心《こころ》にもゆとりがなくなり、若《わか》いころのような元気《げんき》さや明《あか》るさが見《み》られなくなります。お年寄《としよ》りにとって何《なに》がいちばんつらいかというと、食《た》べる、移動《いどう》する、トイレに行《い》く、おふろに入《はい》るといった日《にち》常《じょう》の何気《なにげ》ないことが、自分一人《じぶんひとり》でできなくなることです。そこで、だれか介護《かいご》をしてくれる人《ひと》が必要《ひつよう》になるのです。

電車《でんしゃ》やバスに乗《の》ると、お年寄《としよ》りやからだの不自由《ふじゆう》な人《ひと》のための優先席《ゆうせんせき》があります。これは、健康《けんこう》で足腰《あしこし》が丈夫《じょうぶ》な人《ひと》が席《せき》をゆずることによって、お年寄《としよ》りの移動《いどう》中《ちゅう》のつかれを軽《かる》くし、転《ころ》んでケガをする危険《きけん》を減《へ》らそうとする社会的《しゃかいてき》な配慮《はいりょ》です。

私《わたし》たちはだれもみな一人《ひとり》では生《い》きていけません。子《こ》どもも、学生《がくせい》も、大人《おとな》も、お年寄《としよ》りも、みな社会《しゃかい》の一員《いちいん》としてそれぞれに役割《やくわり》をもち、支《ささ》えあって生《い》きています。元気《げんき》な人《ひと》がお年寄《としよ》りの役《やく》に立《た》つこと、自分《じぶん》より弱《よわ》い人《ひと》を支《ささ》えるのは当《あ》たり前《まえ》のことです。それは快適《かいてき》な社会生活《しゃかいせいかつ》をおくるための大切《たいせつ》な知恵《ちえ》なのです。

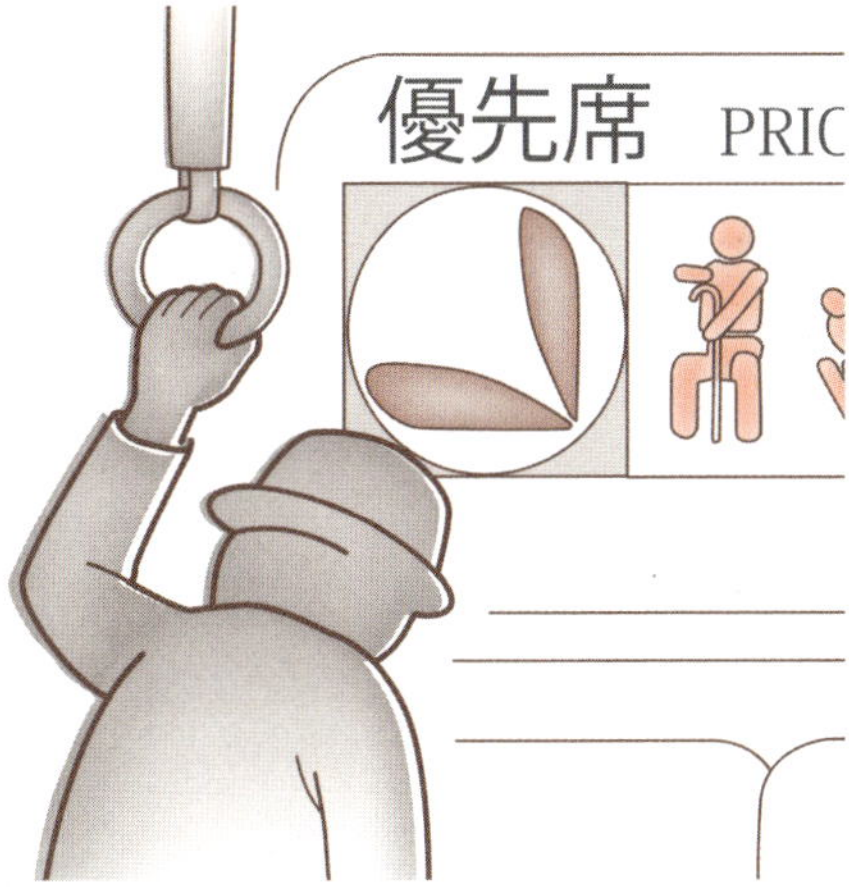

なかには、いつまでも元気《げんき》で日常《にちじょう》のことはすべて自分《じぶん》でできるお年寄《としよ》りもいますが、今《いま》は若《わか》く元気《げんき》なお父《とう》さんやお母《かあ》さんも、あと30年《ねん》もすればお年寄《としよ》りになります。介護《かいご》が必要《ひつよう》になるかもしれない年代《ねんだい》になります。そのとき子《こ》どもたちだけでなく、同《おな》じ社会《しゃかい》に生《い》きるすべての人《ひと》が支《ささ》えてくれたとしたら、とても素晴《すば》らしいことだと思《おも》いませんか。

「介護《かいご》が必要《ひつよう》なお年寄《としよ》りはたくさんいますか？」

生《う》まれながらの体質《たいしつ》や、若《わか》いころからの生活習慣《せいかつしゅうかん》などのちがいもあって、体力《たいりょく》・気力《きりょく》がおとろえる年齢《ねんれい》は人《ひと》によって異《こと》なります。年《とし》を重《かさ》ねれば重《かさ》ねるほど、その差《さ》は大《おお》きくなる傾向《けいこう》があります。

60歳《さい》を過《す》ぎたばかりなのに、駅《えき》の階段《かいだん》の上《のぼ》り、下《お》りがきつい人《ひと》もいれば、80歳《さい》をこえても、元気《げんき》に山登《やまのぼ》りを楽《たの》しむ人《ひと》もいます。年齢《ねんれい》とはその人《ひと》が生《い》きてきた年数《ねんすう》＝時間《じかん》であって、年齢《ねんれい》だけで体力《たいりょく》や健康状態《けんこうじょうたい》をはかることはできません。

国《くに》はお年寄《としよ》り（高齢者《こうれいしゃ》）の基準《きじゅん》を「65歳以上《さいいじょう》」と定《さだ》めていますが、医学《いがく》が発達《はったつ》し、健康《けんこう》への関心《かんしん》も高《たか》い時代《じだい》を過《す》ごした今《いま》の65歳《さい》は、お年寄《としよ》りあつかいをしたらおこられるほど元気《げんき》です。介護《かいご》が必要《ひつよう》になるのは、おおむね75歳《さい》をこえてからと考《かんが》えてよいでしょう。

そもそも、お年寄《としよ》りには必《かなら》ず介護《かいご》が必要《ひつよう》かというと、もちろんそんなことはありません。介護《かいご》を必要《ひつよう》とするお年寄《としよ》りが増《ふ》えているのと同《おな》じように、これといった病気《びょうき》もなく、若《わか》いころと変《か》わらないくらい元気《げんき》なお年寄《としよ》りも増《ふ》えています。ここで一《ひと》つの数字《すうじ》を紹介《しょうかい》します。

国《くに》は、お年寄《としよ》りが安心《あんしん》して介護《かいご》に関《かん》するサービスを利用《りよう》できるように、「介護《かいご》保険《ほけん》」という制度《せいど》をもうけています。介護保険《かいごほけん》では、介護《かいご》が必要《ひつよう》な人《ひと》（＝要介《ようかい》護《ご》）を審査《しんさ》して決《き》めていますが、その割合《わりあい》は65歳《さい》から74歳《さい》ではお年寄《としよ》り全体《ぜんたい》の３％に過《す》ぎません。ほとんどの人《ひと》は自分《じぶん》のことは自分《じぶん》でできます。でも、安心《あんしん》してはいけません。75歳以上《さいいじょう》になると、その割合《わりあい》は23％にはねあがります。ほぼ４人《にん》に１人《ひとり》のお年寄《としよ》りが介護《かいご》が必要《ひつよう》になります。

日本《にほん》は世界一《せかいいち》お年寄《としよ》りの割合《わりあい》が多《おお》い国《くに》です。75歳以上《さいいじょう》の人《ひと》、つまり介護《かいご》が必要《ひつよう》な人《ひと》の数《かず》は、今後急速《こんごきゅうそく》に増《ふ》えていくことが分《わ》かっています。大勢《おおぜい》のお年寄《としよ》りの日々《ひび》の生活《せいかつ》を支《ささ》えるためには、たくさんの若《わか》い世代《せだい》の力《ちから》が必要《ひつよう》です。しかし、少《しょう》子化《しか》により若《わか》い人《ひと》の数《かず》はどんどん減《へ》っていきます。これが日本《にほん》の介護《かいご》の大《おお》きな問《もん》題《だい》になっています。

「認知症《にんちしょう》ってどんな病気《びょうき》ですか？」

認知症《にんちしょう》は、脳《のう》の病気《びょうき》がもとでなります。脳《のう》の細胞《さいぼう》が何《なん》らかのダメージを受《う》けて、働《はたら》きが悪《わる》くなるのが原因《げんいん》で、年《とし》をとるにつれ認知症《にんちしょう》になる確率《かくりつ》は高《たか》まります。日《に》本《ほん》でも認知症患者《にんちしょうかんじゃ》は年々《ねんねん》増《ふ》えていて、10年後《ねんご》の２０２５（平成《へいせい》37）年《ねん》には約《やく》７００万人《まんにん》、お年寄《としよ》りのほぼ５人《にん》に１人《ひとり》が認知症《にんちしょう》になるといわれています。

認知症《にんちしょう》になるとたいへんなのは、人《ひと》がふつうに生活《せいかつ》をしていくうえで欠《か》かせない認知機能《にんちきのう》（物事《ものごと》を記憶《きおく》する、ことばを使《つか》う、計算《けいさん》する、問題《もんだい》を解決《かいけつ》するために深《ふか》く考《かんが》えるなど）が低下《ていか》することです。

たとえば、おさいふやカギなど、物《もの》を置《お》いた場所《ばしょ》が分《わ》からなくなります。５分《ふん》前《まえ》に聞《き》いた話《はなし》を思《おも》い出《だ》せなくなったり、自分《じぶん》の家《いえ》がどこか分《わ》からなくなったりします。そのうちに、自分一人《じぶんひとり》で外出《がいしゅつ》したり、買《か》い物《もの》をすることが難《むずか》しくなり、最《さい》終的《しゅうてき》には、つねに介護《かいご》が必要《ひつよう》な状態《じょうたい》になります。

認知症《にんちしょう》になる人《ひと》の大半《たいはん》は65歳以上《さいいじょう》ですが、中年《ちゅうねん》でなる人《ひと》（若年性認知症《じゃくねんせいにんちしょう》）もいます。今《いま》ではお年寄《としよ》りだけでなく、だれもがなる可能性《かのうせい》のある身近《みぢか》な病気《びょうき》と考《かんが》えられています。残念《ざんねん》なことに、まだ認知症《にんちしょう》の特効薬《とっこうやく》は開発《かいはつ》されていません。

認知症《にんちしょう》の人《ひと》と接《せっ》するときに大切《たいせつ》なことは、本人《ほんにん》が不安《ふあん》を感《かん》じながら生活《せいかつ》をしていることを十分《じゅうぶん》に理解《りかい》することです。認知症《にんちしょう》になった人《ひと》は、ふつうの人《ひと》より不安《ふあん》を強《つよ》く感《かん》じます。気分《きぶん》が沈《しず》んでうつ状態《じょうたい》になることが多《おお》く、かと思《おも》えばイライラして怒鳴《どな》ったり手《て》をあげることもあります。

でも、これは病気《びょうき》のせいで、本人《ほんにん》を責《せ》めることはできません。また、認知症《にんちしょう》になったからといってすべてのことができなくなるわけではありません。

お年寄《としよ》りを敬《うやま》う気持《きも》ちを忘《わす》れることなく、できないことをさりげなくお手伝《てつだ》いし、これまでどおりに接《せっ》することが大切《たいせつ》です。

「介護《かいご》の仕事《しごと》ってどんなことをしますか？」

お年寄《としよ》りになってからだが弱《よわ》ってくると、これまでふつうにできた身《み》のまわりのことが、自分一人《じぶんひとり》ではなかなかできなくなります。家族《かぞく》がいっしょに暮《く》らしていれば手伝《てつだ》ってくれますが、最近《さいきん》は夫婦《ふうふ》のどちらかが亡《な》くなり、一人暮《ひとりぐ》らしをしているお年寄《としよ》りが増《ふ》えています。

そこで必要《ひつよう》になるのが、仕事《しごと》として介護《かいご》を行《おこな》うプロ＝介護職《かいごしょく》です。介護《かいご》の仕事《しごと》はどんなものなのか、お年寄《としよ》りの家《いえ》に行《い》ってお世話《せわ》をするホームヘルパーを例《れい》に説明《せつめい》しましょう。

介護《かいご》の仕事《しごと》の第一《だいいち》は、からだに関《かん》するお世話《せわ》です。食事《しょくじ》をするにも、手《て》をうまく動《うご》かすことができず、食《た》べ物《もの》を口《くち》まで運《はこ》べない人《ひと》がいます。おかずを小《ち》さく切《き》り刻《きざ》み、ごはんをおかゆにして食《た》べやすく調理《ちょうり》し、食器《しょっき》やからだを支《ささ》え食事《しょくじ》をするお手伝《てつだ》いをするのは、介護職《かいごしょく》の仕事《しごと》です。トイレやおふろに入《はい》るためのお世話《せわ》も欠《か》かせません。洋服《ようふく》を着《き》せたり、ぬがせたり、安全《あんぜん》におふろに入《い》れたり、風邪《かぜ》をひかないようにバスタオルでからだを拭《ふ》いてあげるのも重要《じゅうよう》な役目《やくめ》です。

もう一《ひと》つの介護《かいご》の仕事《しごと》は、生活《せいかつ》に関《かん》すること。部屋《へや》の掃除《そうじ》、料理《りょうり》をつくること、洗濯《せんたく》、ちょっとした買《か》い物《もの》などを本人《ほんにん》とともに行《おこな》います。

できないことを何《なん》でもしてあげるのは、本人《ほんにん》のためになりません。できないことを手助《てだす》けしながら、一緒《いっしょ》に行《おこな》うことが介護《かいご》なのです。医療《いりょう》や看護《かんご》にくらべて高《たか》い技術《ぎじゅつ》や専門知識《せんもんちしき》はもとめられません。介護《かいご》の仕事《しごと》にいちばん必要《ひつよう》なのは、お年寄《としよ》りを思《おも》いやる気持《きも》ちと、少《すこ》しでも元気《げんき》になってもらいたいといういたわりの気持《きも》ちです。

子《こ》どもにはできそうもないと思《おも》うかもしれませんが、そんなことはありません。おじいちゃんやおばあちゃんの話《はな》し相手《あいて》になるだけでも、立派《りっぱ》な介護《かいご》といえるのです。

第2章

介護《かいご》の現場《げんば》では何《なに》が起《お》きていますか？

「介護《かいご》保険《ほけん》って何《なん》ですか？」

人《ひと》はだれもが、年老《としお》いても健康《けんこう》で、家族《かぞく》やまわりの人《ひと》のお世話《せわ》にならずに暮《く》らしたいと望《のぞ》みます。しかし、実際《じっさい》には足腰《あしこし》がおとろえたり、重《おも》い病気《びょうき》にかかったり、認知症《にんちしょう》になるなどして、元気《げんき》に思《おも》いどおりの老後《ろうご》を過《す》ごせる人《ひと》は、決《けっ》して多《おお》くありません。

元気《げんき》だったおじいちゃんがある日《ひ》とつぜん倒《たお》れ、入院《にゅういん》し、自宅《じたく》にもどったら右《みぎ》手《て》と右足《みぎあし》が動《うご》かない。これまでできたことができなくなってしまった、というようなことがあるのです。

日本《にほん》の高齢化《こうれいか》が大《おお》きな社会問題《しゃかいもんだい》となりはじめた2000（平成《へいせい》12）年《ねん》に、国《くに》は国民《こくみん》の老後《ろうご》を支《ささ》えるためのしくみをつくりました。それが介護保険《かいごほけん》です。介護保険《かいごほけん》は、年《とし》をとって介護《かいご》が必要《ひつよう》になったとき、国民《こくみん》のだれもが等《ひと》しく介護《かいご》サービスを受《う》けられるように、社会全体《しゃかいぜんたい》で支《ささ》えあうしくみになっています。

では、介護保険《かいごほけん》には、どんなサービスがあるのでしょうか。

代表的《だいひょうてき》なものに、ホームヘルパーがお年寄《としよ》りの自宅《じたく》で行《おこな》う訪問介護《ほうもんかいご》や、浴槽《よくそう》を積《つ》んだクルマが自宅《じたく》まで出《で》かけて行《おこな》う訪問入浴介護《ほうもんにゅうよくかいご》、リハビリテーションの専門家《せんもんか》が自宅《じたく》で行《おこな》う訪問《ほうもん》リハビリテーションなどがあります。寝《ね》たきりになり外出《がいしゅつ》ができなくなったとしても、このように自宅《じたく》でサービスを受《う》けられるのが特徴《とくちょう》です。

比較的元気《ひかくてきげんき》な人《ひと》は、日帰《ひがえ》りで施設《しせつ》に出《で》かけて食事《しょくじ》やおふろのサービスを受《う》けるデイサービスや、数日間《すうじつかん》、施設《しせつ》に寝泊《ねと》まりして専門《せんもん》スタッフの介護《かいご》を受《う》けるショートステイなどを利用《りよう》することができます。

ただし、これらの介護《かいご》サービスを利用《りよう》するには、国《くに》の認定《にんてい》（要介護認定《ようかいごにんてい》）が必要《ひつよう》です。要介護認定《ようかいごにんてい》は、その人《ひと》のからだの状態《じょうたい》や日常生活《にちじょうせいかつ》の困難度《こんなんど》によって5段階《だんかい》に分《わ》かれています。困難度《こんなんど》が高《たか》い人《ひと》ほど、つまり1よりも5の人《ひと》のほうが、たくさんのサービスを受《う》けることができます。

「介護《かいご》サービスがあるとだれが助《たす》かりますか？」

介護《かいご》サービスを受《う》けるのは、思《おも》うようにからだが動《うご》かず、不自由《ふじゆう》になったお年寄《としよ》り本人《ほんにん》です。ホームヘルパーが自宅《じたく》まで来《き》てくれて、食事《しょくじ》のしたくを手伝《てつだ》ってくれたり、お掃除《そうじ》や洗濯《せんたく》を手伝《てつだ》ってくれれば大変助《たいへんたす》かります。ご主人《しゅじん》や奥《おく》さんを亡《な》くして、一人暮《ひとりぐ》らしの場合《ばあい》はなおさらです。

夏《なつ》になって押《お》し入《い》れにしまっていた扇風機《せんぷうき》を出《だ》そうとしても、重《おも》くて出《だ》せずにそのまま秋《あき》になってしまうというケースがたくさんあります。特別《とくべつ》お願《ねが》いする仕《し》事《ごと》がなかったとしても、いろいろと話《はな》し相手《あいて》になってくれるだけでもうれしいものです。

介護《かいご》サービスがあると助《たす》かるのは、お年寄《としよ》り本人《ほんにん》です。しかし、その他《ほか》にも介《かい》護《ご》サービスを心待《こころま》ちにしている人《ひと》がいます。それはお年寄《としよ》りと同居《どうきょ》している家族《かぞく》です。

郵便はがき

料金受取人払郵便

神田局承認

3242

差出有効期間
平成30年6月
30日まで切手
はいりません

101-8791

528

（受取人）
東京都千代田区神田岩本町
四―一四
神田平成ビル

株式会社
日本医療企画
営業本部　行

お名前《フリガナ》

（男・女）　年齢　　　歳

ご住所（〒　　　－　　　）

お電話　　（　　）
e-mail：
FAX　　（　　）

ご購入書店名　　　市・区・町　　　書店

□ 日本医療企画発行図書目録希望　●ご希望の方には無料で郵送いたしますので、□欄に✓印をしてください

『介護ってなに？』

『介護ってなに？』ご愛読者カード

★ご購読ありがとうございました。今後の出版企画の参考にさせていただきますので、ご記入のうえ、ご投函くださいますようお願いいたします。

《本書を何でお知りになりましたか》

1．学校の教材として（教科名　　　　　　　　　　）
2．先生のすすめ　　3．親のすすめ
4．インターネットを見て　　5．店頭で実物を見て
6．DM を見て
7．その他（　　　　　　　　　　）

《あなたのご所属・ご職業をお教えください（できるだけくわしく）》

1．小学生（　　年生）　　2．中学生（　　年生）
3．高校生（　　年生）　　4．大学生（　　年生）
5．一般（　　　　　　　　　　）
6．教育関係者（　　　　　　　　　　）
7．介護関連従事者（　　　　　　　　　　）
8．その他（　　　　　　　　　　）

《本書の内容についてどう思われましたか》

1．一番関心を引いた項目は何ですか
（　　　　　　　　　　）
2．不足していた項目は何ですか
（　　　　　　　　　　）

《ご感想をお聞かせください》

………………………………………………
………………………………………………
………………………………………………
………………………………………………
………………………………………………
………………………………………………
………………………………………………

ご協力ありがとうございました。本カードにより取得したお名前、電話番号等の個人情報については、目的以外での利用及び無断での第三者への開示は一切いたしません。
※なお、当社から各種ご案内（新刊・イベント）、読者調査等のご協力のお願いに使用させていただいてもよろしいですか。
☐ Yes　　☐ No

介護《かいご》を必要《ひつよう》とするお年寄《としよ》りがいる家《いえ》では、介護《かいご》サービスのない日《ひ》は家族《かぞく》がホームヘルパーの役割《やくわり》をしています。それも2～3時間《じかん》という限《かぎ》られた時間《じかん》ではなく、場合《ばあい》によっては1日《にち》24時間《じかん》つきっきりの介護《かいご》になります。

寝《ね》たきりの人《ひと》の介護《かいご》も大変《たいへん》ですが、特《とく》に神経《しんけい》をすり減《へ》らすのは認知症《にんちしょう》の人《ひと》の場《ば》合《あい》です。大声《おおごえ》を出《だ》したり、家《いえ》を飛《と》び出《だ》して外《そと》を歩《ある》きまわる人《ひと》もいて、家族《かぞく》は気《き》が休《やす》まる時間《じかん》がほとんどありません。結果《けっか》、体調《たいちょう》を崩《くず》してしまう家族《かぞく》が少《すく》なくありません。介護《かいご》をする人《ひと》がお年寄《としよ》りの場合《ばあい》（老老介護《ろうろうかいご》）は、共倒《ともだお》れになってしまうケースもよくみられます。

介護《かいご》サービスを受《う》けることで、短《みじか》い時間《じかん》ですが、日々《ひび》お世話《せわ》をしている家族《かぞく》の介護《かいご》の手《て》を休《やす》めることができます。施設《しせつ》がお年寄《としよ》りを一時的《いちじてき》にあずかるデイサービスなどは、お年寄《としよ》りと同時《どうじ》に家族《かぞく》のためのサービスということもできます。

なぜなら、その間《かん》、家族《かぞく》は街《まち》に出《で》てショッピングをしたり、趣味《しゅみ》の時間《じかん》をもったり、リフレッシュすることができるからです。このように介護《かいご》サービスは、本《ほん》人《にん》のみならず、家族《かぞく》にとっても必要《ひつよう》なものなのです。

「介護《かいご》サービスを受《う》けるとお年寄《とし》《よ》りはどうなりますか？」

介護《かいご》サービスを受《う》けることで、お年寄《としよ》りの日々《ひび》の生活《せいかつ》の中《なか》の不便《ふべん》なことや、やりたいと思《おも》ってもできないことが減《へ》っていきます。ずっと気《き》になっていた部屋《へや》の片《かた》づけを手伝《てつだ》ってもらったり、車《くるま》いすを押《お》してもらって近《ちか》くの公園《こうえん》まで出《で》かけたり、ごはんをつくるのを手伝《てつだ》ってもらったり、おふろに入《い》れてもらったりすることで、お年寄《としよ》りの日々《ひび》の暮《く》らしは、ずいぶんと快適《かいてき》なものになります。また、話《はな》し相手《あいて》ができて、一人暮《ひとりぐ》らしのさびしさを忘《わす》れることができます。

結果《けっか》、どういうことが起《お》きるかというと、多《おお》くの人《ひと》は以前《いぜん》よりも元気《げんき》になります。表情《ひょうじょう》に明《あか》るさがもどり、目《め》の輝《かがや》きがちがってきます。また病気《びょうき》の人《ひと》も、お医《い》者《しゃ》さんや看護師《かんごし》さんが家《いえ》に来《き》てくれるので、病院《びょういん》に入院《にゅういん》したり老人《ろうじん》ホームなどで暮《く》らす必要《ひつよう》がなくなります。介護《かいご》サービスを利用《りよう》することによって、お年寄《としよ》りは自分《じぶん》らしく生《い》きることができるのです。

お年寄《としよ》りの介護《かいご》というと、多《おお》くの人《ひと》が病気《びょうき》の看病《かんびょう》や日常生活《にちじょうせいかつ》のお世話《せわ》をイメージします。それはまちがいではありませんが、実《じつ》は、介護《かいご》にはもう一《ひと》つの目的《もくてき》があります。

それは、お年寄《としよ》りの病気《びょうき》や体調《たいちょう》を改善《かいぜん》に向《む》かわせ、日常生活《にちじょうせいかつ》を自分《じぶん》の力《ちから》でできるような状態《じょうたい》にもどしてあげることです。良《よ》い状態《じょうたい》にもどすことができない場合《ばあい》でも、今以上《いまいじょう》に悪《わる》くならないように、現在《げんざい》の状態《じょうたい》を維持《いじ》することです。これは、介護保険《かいごほけん》の目的《もくてき》の一《ひと》つである「自立《じりつ》支援《しえん》」においてとても大切《たいせつ》な考《かんが》え方《かた》です。

介護《かいご》の仕事《しごと》においては、お年寄《としよ》りが自分《じぶん》でできることを手伝《てつだ》ってはいけません。そばで見守《みまも》り、できない部分《ぶぶん》にそっと手《て》を差《さ》しのべ、手伝《てつだ》うのが原則《げんそく》です。できることまでしてしまうと、その人《ひと》の可能性《かのうせい》や頑張《がんば》る気持《きも》ちまでうばってしまうことになりかねません。

「介《かい》護《ご》サービスは どのように提《てい》供《きょう》されますか？」

年《とし》をとって手厚《てあつ》い介護《かいご》が必要《ひつよう》な状態《じょうたい》になっても、その人《ひと》が住《す》みなれた地域《ちいき》で、自分《じぶん》らしい暮《く》らしを、人生《じんせい》の最後《さいご》まで続《つづ》けられるようにしたい——これが、国《くに》が考《かんが》えているお年寄《としよ》りへの介護《かいご》サービスの理想《りそう》の姿《すがた》です。

しかし、ことばで言《い》うのは簡単《かんたん》ですが、世界《せかい》でいちばんお年寄《としよ》りの割合《わりあい》が多《おお》い日本《にほん》でこれを実現《じつげん》するのは、非常《ひじょう》に難《むずか》しいことです。日本《にほん》の高齢化《こうれいか》はまだまだ止《と》まらず、お年寄《としよ》りの中《なか》でも特《とく》に介護《かいご》が必要《ひつよう》とされる75歳以上《さいいじょう》の人《ひと》（後期高齢者《こうきこうれいしゃ》）は、この先《さき》どんどん増《ふ》えていきます。それにともない、認知症《にんちしょう》の人《ひと》も増《ふ》えていくでしょう。お年寄《としよ》り夫婦《ふうふ》だけの家《いえ》、一人《ひとり》暮《ぐ》らしのお年寄《としよ》りの家《いえ》の割合《わりあい》が大《おお》きくなることで、介護《かいご》をとりまく環境《かんきょう》がもっと厳《きび》しくなることは避《さ》けられません。

介護保険《かいごほけん》は国《くに》の制度《せいど》ですが、実際《じっさい》にお年寄《としよ》りに介護《かいご》サービスを行《おこな》うのは、その人《ひと》が暮《く》らしている地域《ちいき》の市区町村《しくちょうそん》です。その人《ひと》が介護《かいご》が必要《ひつよう》かどうか、必要《ひつよう》な場《ば》合《あ》どんな種類《しゅるい》のサービスがどのくらい必要《ひつよう》なのかは、同《おな》じ地域《ちいき》でいっしょに暮《く》らしていなければ分《わ》かりません。どんな病気《びょうき》をもっているのか、子《こ》どもや兄弟《きょうだい》、親《しん》せきは近《ちか》くにいるのか、その人《ひと》にあった老人施設《ろうじんしせつ》や病院《びょういん》はどこにあるのかといった情報《じょうほう》は地域《ちいき》に集《あつ》まっています。

ですから、実際《じっさい》に介護《かいご》サービスを行《おこな》うのは、身《み》のまわりのお世話《せわ》をするホームヘルパー、かかりつけのお医者《いしゃ》さん、看護師《かんごし》さんですが、もはや医療《いりょう》や介護《かいご》の専門家《せんもんか》だけに介護《かいご》をまかせていてはいけません。となり近所《きんじょ》に暮《く》らす人《ひと》たちもふくめ、地域《ちいき》のみんなで力《ちから》を合《あ》わせてお年寄《としよ》りを見守《みまも》り、支《ささ》えていくことが大切《たいせつ》なのです。

介護《かいご》サービスなんて子《こ》どもには関係《かんけい》ないと思《おも》わないでください。人《ひと》はだれもが必《かなら》ず年《とし》をとります。みなさんもいつか同《おな》じようにお年寄《としよ》りになることを忘《わす》れてはならないのです。

「国《くに》が心配《しんぱい》していることは何《なん》ですか？」

だれもが安心《あんしん》した老後《ろうご》を暮《く》らすには、お年寄《としよ》り一人《ひとり》ひとりが必要《ひつよう》とする介護《かいご》サービスを、もれなく受《う》けられる環境《かんきょう》が必要《ひつよう》です。そこで問題《もんだい》となるのはお金《かね》です。お医者《いしゃ》さんにかかると診察費《しんさつひ》やおクスリ代《だい》がかかるように、ホームヘルパーに来《き》てもらったり、高齢者施設《こうれいしゃしせつ》を利用《りよう》するにはお金《かね》がかかります。医療《いりょう》と同《おな》じように介護《かいご》にもたくさんのお金《かね》がかかるのです。

今《いま》、国《くに》がいちばん頭《あたま》を痛《いた》めているのは、十年後《じゅうねんご》にいっぺんに増《ふ》える介護《かいご》の費用《ひよう》をどうやってまかなうかということです。

2025（平成《へいせい》37）年《ねん》、お年寄《としよ》りの数《かず》が急増《きゅうぞう》します。ベビーブームといわれた1947年《ねん》～49年《ねん》に生《う》まれた〝団塊《だんかい》の世代《せだい》〟と呼《よ》ばれる人《ひと》たちが、全員《ぜんいん》75歳以上《さいいじょう》になるからです。それだけでも大変《たいへん》なことですが、一方《いっぽう》で、高齢化《こうれいか》とともに進《すす》んできた少子化《しょうしか》の影響《えいきょう》で、十年後《じゅうねんご》にはお年寄《としよ》りを支《ささ》える若者《わかもの》の数《かず》がぐんと減《へ》ります。

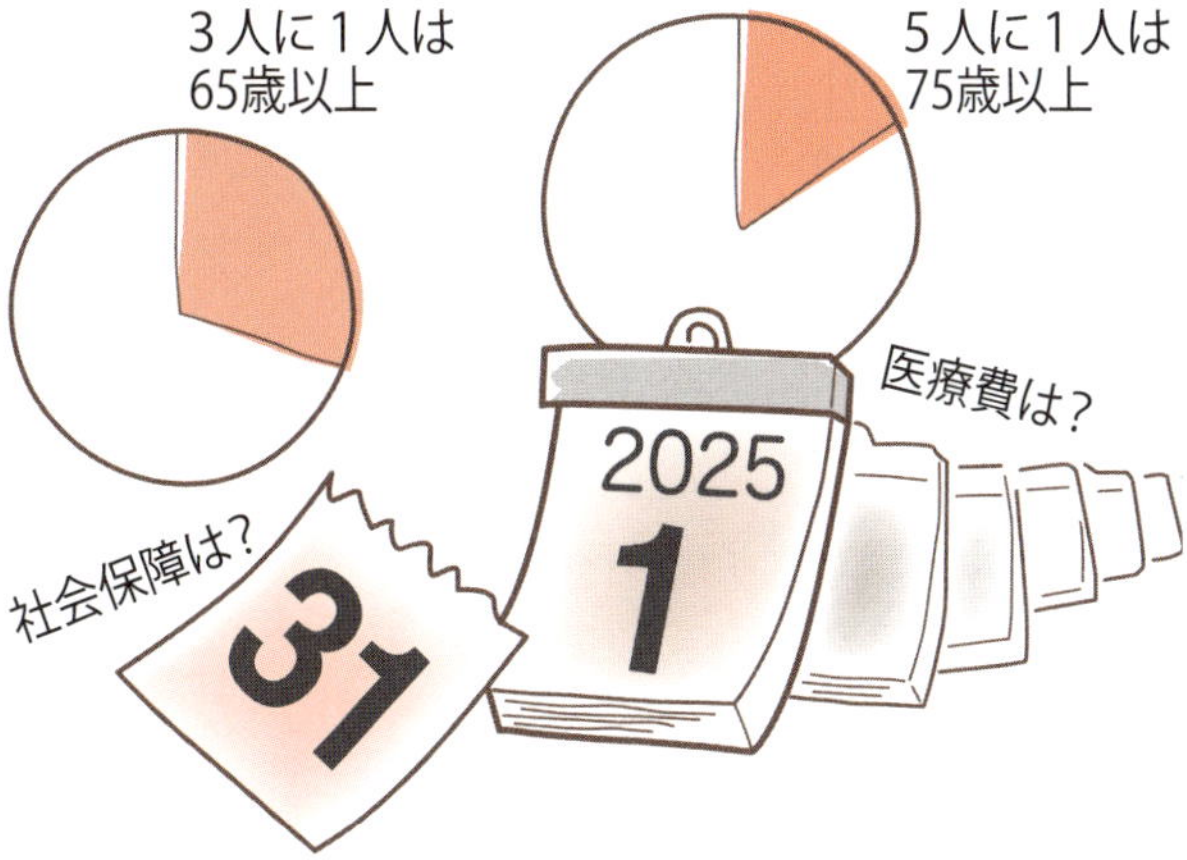

つまり、介護《かいご》サービスにかかる費用《ひよう》が最大《さいだい》にまでふくらむのに、その費用《ひよう》をかせぎだす若《わか》い人《ひと》の数《かず》が最小《さいしょう》になってしまうのです。これを国《くに》は〝2025年問《ねんもん》題《だい》〟と呼《よ》んでいます。

お金《かね》がかかるのと同《おな》じように、介護《かいご》には人手《ひとで》もかかります。お年寄《としよ》り、なかでも認知症《にんちしょう》の人《ひと》など目《め》が離《はな》せないお年寄《としよ》りは、その人《ひと》の息子《むすこ》さん・娘《むすめ》さんがなるべく家《いえ》にいて介護《かいご》しようとします。そうすると、仕事《しごと》をよく休《やす》んだり、なかには会社《かいしゃ》をやめなければならない人《ひと》が出《で》てきます。これを「介護離職《かいごりしょく》」といいます。

その数《かず》は年間十万人《ねんかんじゅうまんにん》におよぶといわれ、今《いま》まさに社会問題《しゃかいもんだい》となっています。働《はたら》き盛《ざか》りの人《ひと》が大量《たいりょう》に社会《しゃかい》の第一線《だいいっせん》から退《しりぞ》くことで、日本《にほん》の産業《さんぎょう》・経《けい》済《ざい》の活力《かつりょく》をうばってしまうと心配《しんぱい》されています。

「家《いえ》ではどんな問題《もんだい》が起《お》きていますか？」

日本《にほん》では、昔《むかし》は長男《ちょうなん》が結婚《けっこん》すると実家《じっか》に住《す》むことがふつうでした。それにより、親《おや》が年老《としお》いたときには跡《あと》を継《つ》いだ長男家族《ちょうなんかぞく》がその面倒《めんどう》をみるという、介護《かいご》の形《かたち》ができていました。

しかし、今《いま》は長男《ちょうなん》をふくめて、ほとんどの子《こ》は結婚《けっこん》すると家《いえ》を出《で》て新《あたら》しい家庭《かてい》をつくります。これを「核家族化《かくかぞくか》」といいますが、核家族化《かくかぞくか》が定着《ていちゃく》した結果《けっか》、介《かい》護《ご》にとって都合《つごう》のよくないことが家《いえ》の中《なか》でいくつか起《お》こっています。

その一《ひと》つが、お年寄《としよ》りがお年寄《としよ》りのお世話《せわ》をする「老老介護《ろうろうかいご》」と呼《よ》ばれる状況《じょうきょう》です。お年寄《としよ》りの介護《かいご》は、体力《たいりょく》もフットワークもある若《わか》くて健康《けんこう》な人《ひと》でなければ対応《たいおう》が難《むずか》しいといえます。しかし、現実《げんじつ》はどうかというと、どちらも介護《かいご》が必要《ひつよう》なおじいさんとおばあさんが二人《ふたり》きりで暮《く》らしているケースが少《すく》なくありません。どちらかが倒《たお》れたらそれまでというような、ぎりぎりの介護《かいご》が行《おこな》われているのです。

夫婦《ふうふ》のどちらかが亡《な》くなってしまい、その後《ご》はずっと一人暮《ひとりぐ》らしになるお年寄《としよ》りの割合《わりあい》がどんどん増《ふ》えています。一人暮《ひとりぐ》らしの家《いえ》では、急《きゅう》にからだに異変《いへん》が起《お》きてもだれにも伝《つた》えることができず、そのまま家《いえ》でさびしく死《し》んでしまう人《ひと》（孤《こ》独死《どくし》）もいます。

介護《かいご》される人《ひと》も大変《たいへん》ですが、介護《かいご》する人《ひと》はもっと大変《たいへん》です。介護《かいご》に明《あ》け暮《く》れるだけの毎日《まいにち》は、介護《かいご》する人《ひと》を精神的《せいしんてき》にも肉体的《にくたいてき》にもつかれさせます。自分《じぶん》を育《そだ》ててくれた大切《たいせつ》な親《おや》なのだから最善《さいぜん》をつくそうと思《おも》っていても、限界《げんかい》はあります。なかには、親《おや》のあまりの変《か》わりように失望《しつぼう》し、あるいは自分《じぶん》の自由《じゆう》な時間《じかん》をとられたことに腹《はら》を立《た》て、親《おや》に暴力《ぼうりょく》をふるったりする人《ひと》も出《で》てきます。

介護《かいご》のストレスがピークに達《たっ》した人《ひと》が、絶望《ぜつぼう》のあまり親《おや》を殺《ころ》してしまうという最悪《さいあく》のケースも起《お》きています。介護《かいご》は人《ひと》を追《お》いつめ、ときに誤《あやま》った行動《こうどう》をとらせてしまうこともあるのです。

「社会《しゃかい》はどんな問題《もんだい》をかかえていますか？」

介護《かいご》を必要《ひつよう》とするお年寄《としよ》りが増《ふ》えれば、社会全体《しゃかいぜんたい》の介護《かいご》サービスの量《りょう》も増《ふ》えていきます。ここで問題《もんだい》となるのが介護《かいご》の仕事《しごと》をする人《ひと》の数《かず》です。

このままの状態《じょうたい》が続《つづ》くと2025（平成《へいせい》37）年《ねん》には、介護業界《かいごぎょうかい》の人手不足《ひとでぶそく》は約《やく》38万人《まんにん》に達《たっ》すると予測《よそく》されています。介護《かいご》の仕事《しごと》に就《つ》く人《ひと》が増《ふ》えないかぎり、お年寄《としよ》りの介護《かいご》をする人《ひと》も足《た》りません。介護《かいご》サービスが受《う》けたくても受《う》けられない、いわゆる〝介護難民《かいごなんみん》〟と呼《よ》ばれる人《ひと》たちがすでに生《う》まれています。

人《ひと》だけではありません。からだの状態《じょうたい》や家庭環境《かていかんきょう》などから家《いえ》で暮《く》らすことができないお年寄《としよ》りを受《う》け入《い》れる施設《しせつ》もまた不足《ふそく》しています。今《いま》、介護保険《かいごほけん》の施設《しせつ》としては、「特別養護老人《とくべつようごろうじん》ホーム」「介護老人保健施設《かいごろうじんほけんしせつ》」などがあります。また、民《みん》間《かん》では「介護付《かいごつ》き有料老人《ゆうりょうろうじん》ホーム」「サービス付《つ》き高齢者向《こうれいしゃむ》け住宅《じゅうたく》」などの整備《せいび》が進《すす》んでいます。

また、認知症《にんちしょう》の人《ひと》が増《ふ》えることを想定《そうてい》して「グループホーム」や「小規模多機能住宅《しょうきぼたきのうじゅうたく》」などの整《せい》備《び》が急《きゅう》ピッチで進《すす》んでいますが、まだまだとても十分《じゅうぶん》とはいえません。

このように、介護《かいご》をとりまく環境《かんきょう》は非常《ひじょう》にきびしいものがあります。それもこれも、世界《せかい》がかつて経験《けいけん》したことのない急激《きゅうげき》な高齢化《こうれいか》と極端《きょくたん》な少子《しょうし》化《か》が、この国《くに》に起《お》きたことによります。

もちろん国《くに》は、介護業界《かいごぎょうかい》で働《はたら》く人《ひと》を増《ふ》やそうと、いろいろな工夫《くふう》をしています。他《ほか》の産業《さんぎょう》に比《くら》べて低《ひく》かった介護職《かいごしょく》の給料《きゅうりょう》や働《はたら》き方《かた》を改善《かいぜん》したり、教《きょう》育《いく》・広報《こうほう》の機会《きかい》を増《ふ》やして、介護《かいご》の大切《たいせつ》さや介護《かいご》職《しょく》の重要性《じゅうようせい》をアピールしたりしていますが、それでも追《お》いつかないのが現状《げんじょう》なのです。

第3章

私《わたし》たちが考《かんが》えなければいけないこと

「お年寄《としよ》りはどんな人《ひと》たちですか？」

今《いま》から70年前《ねんまえ》、日本《にほん》はアメリカや中国《ちゅうごく》、イギリスなどを相手《あいて》に戦争《せんそう》をしていました。今《いま》、介護《かいご》サービスを利用《りよう》しているお年寄《としよ》りの多《おお》くは、戦争中《せんそうちゅう》か戦争《せんそう》が終《お》わってすぐに生《う》まれた人《ひと》たちです。

このころの日本人《にほんじん》はみな貧《まず》しく、食《た》べるものも十分《じゅうぶん》にないため、子《こ》どもたちはいつもお腹《なか》をすかせていました。着《き》るものといえばお兄《にい》さんやお姉《ねえ》さんのお下《さ》がりです。すきま風《かぜ》が入《はい》って、冬《ふゆ》は一段《いちだん》と寒《さむ》さを感《かん》じる木造《もくぞう》の家《いえ》で、もちろんエアコンもなしで、家族《かぞく》みんなで肩《かた》を寄《よ》せ合《あ》いながら暮《く》らしていました。そのため貧《まず》しい暮《く》らしのつらさ、モノを大切《たいせつ》にすることの大事《だいじ》さをよく知《し》っています。

しかし、モノがない時代《じだい》を過《す》ごしたのは小学校《しょうがっこう》くらいまででしょう。そこから日本《にほん》は、世界《せかい》がおどろくスピードで産業《さんぎょう》・経済《けいざい》を発展《はってん》させていきます。戦争《せんそう》が終《お》わり平和《へいわ》が訪《おとず》れた日本《にほん》は、１９５０年代後半《ねんだいこうはん》から60年代《ねんだい》にかけて〝高度経済成長《こうどけいざいせいちょう》期《き》〃と呼《よ》ばれる時代《じだい》をむかえます。お年寄《としよ》りはこの時代《じだい》に学生時代《がくせいじだい》を過《す》ごしました。

社会《しゃかい》に出《で》てからは企業人《きぎょうじん》として休《やす》みをおしんで働《はたら》き、会社《かいしゃ》の発展《はってん》につくし、日本《にほん》を今日《こんにち》の経済大国《けいざいたいこく》に押《お》し上《あ》げました。そして、自分《じぶん》たちの子《こ》どもたちをいい大学《だいがく》に入《い》れようと教育《きょういく》にお金《かね》をかけました。

だからといって、働《はたら》いていたばかりではありません。欧米《おうべい》の文化《ぶんか》やライフスタイルにあこがれ、それを自分《じぶん》たちの生《い》き方《かた》やファッションに最初《さいしょ》にとりいれたのもこの世代《せだい》です。ドライブ、ボウリング、スキー、テニス、ゴルフ、海外旅行《かいがいりょこう》など、いろいろな人生《じんせい》の楽《たの》しみ方《かた》を知《し》っています。

日本《にほん》を、世界《せかい》がうらやむ豊《ゆた》かな国《くに》に育《そだ》てたのは、今《いま》のお年寄《としよ》りたちです。現在《げんざい》の日本《にほん》の社会《しゃかい》の基礎《きそ》をしっかり築《きず》いてくれた功労者《こうろうしゃ》であることを忘《わす》れてはなりません。

「お年寄《とし よ》りにはどのように接《せっ》すればいいですか？」

お年寄《としよ》りを敬《うやま》い、いたわりと感謝《かんしゃ》の気持《きも》ちをもって接《せっ》するのは、人《ひと》として当然《とうぜん》のことです。それは世界共通《せかいきょうつう》の考《かんが》え方《かた》で、たくさんの人《ひと》が支《ささ》えあって暮《く》らす社会《しゃかい》の基本的《きほんてき》なルールといえます。

お年寄《としよ》りは70年《ねん》、80年《ねん》という長《なが》い人生《じんせい》を生《い》きぬいてきました。その間《かん》、いろいろな経験《けいけん》をしてきました。子《こ》どもを産《う》み育《そだ》て、立派《りっぱ》な成人《せいじん》に育《そだ》て上《あ》げてきました。何《なに》よりも、それぞれの職場《しょくば》で一生懸命《いっしょうけんめい》に働《はたら》いて、今《いま》の豊《ゆた》かで暮《く》らしやすい日本《にほん》を築《きず》きあげてきたのです。

今《いま》は年《とし》をとって足腰《あしこし》が弱《よわ》り、車《くるま》いすのお世話《せわ》になっているかもしれません。認知症《にんちしょう》になって家族《かぞく》を困《こま》らせたり、あるいは寝《ね》たきりになってしまっているかもしれません。でも、それはお年寄《としよ》りになってからのことで、だれにも若《わか》いときがありました。子《こ》どものときにはみんなと同《おな》じようにかけっこをしたり、中学《ちゅうがく》・高校《こうこう》に入《はい》ると野球《やきゅう》やバレーボールに夢中《むちゅう》になりました。

おじいちゃんやおばあちゃんの学生時代《がくせいじだい》の写真《しゃしん》を見《み》せてもらってください。そこにはきっと、若《わか》くはつらつとした姿《すがた》があるはずです。

できたら、尊敬《そんけい》の気持《きも》ちをもって見守《みまも》るだけでなく、お年寄《としよ》りからいろいろな話《はなし》を聞《き》いてください。お年寄《としよ》りは人生《じんせい》の大先輩《だいせんぱい》です。さまざまな体験《たいけん》をしています。子《こ》どもたちが知《し》らない多《おお》くの知恵《ちえ》をもっています。

一人《ひとり》でポツンとしているお年寄《としよ》りがいたら、勇《ゆう》気《き》をもって声《こえ》をかけてください。きっといろいろな話《はなし》が聞《き》けるはずです。なかには気難《きむずか》しい人《ひと》もいるかもしれませんが、本当《ほんとう》は、自分《じぶん》の孫《まご》のような年齢《ねんれい》の子《こ》どもたちが大好《だいす》きなはずです。いっしょに遊《あそ》ぶことはできなくても、若《わか》かったころの話《はなし》をしたり聞《き》いたりしてほしいと思《おも》っているのです。

「私《わたし》たちにできることはありますか？」

電車《でんしゃ》やバスに乗《の》ったとき、杖《つえ》をついていたり荷物《にもつ》をかかえてつらそうにしているお年寄《としよ》りがいたら、すすんで席《せき》をゆずってください。

健康《けんこう》な人《ひと》や元気《げんき》な子《こ》どもにとって立《た》っていることは何《なん》でもありませんが、膝《ひざ》や腰《こし》を痛《いた》めているお年寄《としよ》りにとってはとてもつらく、ときに危険《きけん》ですらあります。声《こえ》をかけるのに勇気《ゆうき》がいるとか、はずかしいと思《おも》う人《ひと》は、最初《さいしょ》から腰《こし》かけないで立《た》っているのも一《ひと》つの方法《ほうほう》です。いうまでもありませんが、優先席《ゆうせんせき》はお年寄《としよ》りや障《しょう》がいをもつ人《ひと》の席《せき》です。元気《げんき》な子《こ》どもは腰《こし》かけてはいけません。

自転車《じてんしゃ》に乗《の》って遊《あそ》びにいくときにスピードを出《だ》さないことも、お年寄《としよ》りを守《まも》るうえで大切《たいせつ》なことです。自分《じぶん》は運転《うんてん》に自信《じしん》があって、絶対《ぜったい》にお年寄《としよ》りにぶつからないなんて思《おも》わないでください。お年寄《としよ》りのなかには、そばを自転車《じてんしゃ》が勢《いきお》いよく通《とお》りぬけるだけで緊張《きんちょう》でからだを固《かた》くし、転《ころ》んでしまう人《ひと》もいます。実際《じっさい》、そういう事故《じこ》があとをたちません。

お年寄《としよ》りになって骨折《こっせつ》するとなかなかなおりません。最悪《さいあく》の場合《ばあい》、頭《あたま》を打《う》って死《し》んでしまう人《ひと》もいるのです。

いっしょに暮《く》らすおじいさんや、おばあさんがいたら、いたわりの気持《きも》ちをもってやさしく接《せっ》してください。プレゼントをするとか、肩《かた》をもんであげるとか、特別《とくべつ》なことは必要《ひつよう》ありません。話《はな》し相手《あいて》になる、ものをとってあげるなど簡単《かんたん》なお手伝《てつだ》いをする、いっしょに散歩《さんぽ》に出《で》かけるといったことで十分《じゅうぶん》です。

元気《げんき》でよい子《こ》に育《そだ》っている姿《すがた》を見《み》せることが、おじいさんやおばあさんにとって何《なに》よりのプレゼントなのです。また、町《まち》で不安《ふあん》そうにしているお年寄《としよ》りを見《み》かけたら、「大丈夫《だいじょうぶ》ですか？」とひと声《こえ》かけてみましょう。きっとやさしい笑顔《えがお》がかえってくると思《おも》います。

第4章

介《かい》護《ご》のいらない世《せ》界《かい》をめざして

「私《わたし》たちはどんな社会《しゃかい》をつくればよいのですか？」

介護《かいご》を必要《ひつよう》とするお年寄《としよ》りの数《かず》が、どんどん増《ふ》えています。２０００（平成《へいせい》12）年《ねん》に２１８万人《まんにん》だった要介護者《ようかいごしゃ》は、２０１３（平成《へいせい》25）年《ねん》には５６４万人《まんにん》と、じつに３５０万人《まんにん》も増《ふ》えました。今後《こんご》もさらに増《ふ》え続《つづ》けると予想《よそう》されています。10年後《ねんご》、20年後《ねんご》には、介護《かいご》サービスは今以上《いまいじょう》に私《わたし》たちの暮《く》らしになくてはならないものになっているかもしれません。また、介護関連《かいごかんれん》の施設《しせつ》や事業所《じぎょうしょ》は、今《いま》のコンビニのように街《まち》のあちこちにできているかもしれません。赤《あか》ちゃんに保育期間《ほいくきかん》があるように、お年寄《としよ》りには必《かなら》ず介護期間《かいごきかん》がある――そんな世《よ》の中《なか》が訪《おとず》れようとしています。しかし、本当《ほんとう》にそれでいいのでしょうか。

日本《にほん》が、４人《にん》に１人《ひとり》がお年寄《としよ》りという超高齢社会《ちょうこうれいしゃかい》になってしまった今《いま》、介護保険《かいごほけん》は絶対《ぜったい》に必要《ひつよう》ですし、必要《ひつよう》な介護《かいご》サービスを受《う》けられる世《よ》の中《なか》になることは、だれもが願《ねが》うことです。

ただ、私《わたし》たちが一《ひと》つだけ忘《わす》れてはならないことがあります。それは、介護保険《かいごほけん》をつかう、介護《かいご》サービスを利用《りよう》するということは、基本的《きほんてき》に家族以外《かぞくいがい》の社会《しゃかい》のお世話《せわ》になるということです。そのためのお金《かね》も、介護保険《かいごほけん》という国民《こくみん》みんなで少《すこ》しずつ出《だ》し合《あ》ったお金《かね》の中《なか》から支払《しはら》われます。だれでもそのお金《かね》を使《つか》ってよいということではありません。そのお金《かね》は、どうしても介護《かいご》が必要《ひつよう》な人《ひと》のために使《つか》われるものでなければなりません。

つまり、だれかを支《ささ》えることはあっても、支《ささ》えられる存在《そんざい》にはできるだけならないように一人《ひとり》ひとりが心《こころ》がけることが大切《たいせつ》なのです。そのためには、若《わか》いときから健康《けんこう》や体力《たいりょく》の維持《いじ》に努《つと》めましょう。自分《じぶん》だけは介護《かいご》が必要《ひつよう》にならないという気持《きも》ちをもつことが大切《たいせつ》です。〝介護《かいご》のいらない世界《せかい》〟を想像《そうぞう》してみてください。みんなが健康《けんこう》で幸《しあわ》せな老後《ろうご》をむかえていないと、それは実現《じつげん》できないのです。

「介護《かいご》のいらない世界《せかい》とはどんな社会《しゃかい》ですか？」

〝介護《かいご》のいらない世界《せかい》〟が実現《じつげん》できたとしたら、それは素晴《すば》らしいことだと思《おも》いませんか。そこには、介護《かいご》を必要《ひつよう》とするお年寄《としよ》りはいません。70歳《さい》、80歳《さい》、90歳《さい》…と、年齢《ねんれい》だけを見《み》ればまちがいなくお年寄《としよ》りがたくさんいるのですが、みなさん自分《じぶん》の身《み》のまわりのことは自分《じぶん》でできるし、食事《しょくじ》も、トイレも、おふろも、だれの手《て》も借《か》りずにできます。自分《じぶん》の考《かんが》えや思《おも》いを人《ひと》に伝《つた》えることができ、自分《じぶん》らしい人生《じんせい》を最期《さいご》まで送《おく》ることができます。

介護《かいご》のいらない世界《せかい》ですから、介護《かいご》のプロも必要《ひつよう》ありません。ケアマネジャー、ホームヘルパー、介護福祉士《かいごふくしし》といった介護《かいご》の専門職《せんもんしょく》は不要《ふよう》になります。その代《か》わりに、地域《ちいき》の人々《ひとびと》がおたがいを支《ささ》えあっています。

もちろん今《いま》のような介護保険《かいごほけん》という国《くに》の制度《せいど》もなくなります。介護《かいご》サービスという一《ひと》つの有望《ゆうぼう》な産業《さんぎょう》がなくなってしまうことは、日本経済《にほんけいざい》にとっては大《おお》きなマイナスになるかもしれません。しかし、お年寄《としよ》りがいる家《いえ》の家計《かけい》や、国《くに》にとっても介護《かいご》に関《かん》する出費《しゅっぴ》が少《すく》なくなり、たいへん助《たす》かります。老老介護《ろうろうかいご》や介護離職《かいごりしょく》といった社会問題《しゃかいもんだい》も起《お》きません。これまでの介護保険《かいごほけん》のお金《かね》を、難病《なんびょう》の人《ひと》や障《しょう》がいをもつ人《ひと》に役立《やくだ》てるなど、より強《つよ》く支《ささ》えを必要《ひつよう》とする社会的《しゃかいてき》に弱《よわ》い立場《たちば》の人《ひと》たちに役立《やくだ》てることができるかもしれません。

介護《かいご》のいらない世界《せかい》は、私《わたし》たちが理想《りそう》とする社《しゃ》会《かい》のイメージの一《ひと》つですが、実現《じつげん》するには長《なが》い時《じ》間《かん》と社会全体《しゃかいぜんたい》の努力《どりょく》が必要《ひつよう》になるでしょう。それでも、めざしてみる価値《かち》は十分《じゅうぶん》にあります。

亡《な》くなる直前《ちょくぜん》までとても元気《げんき》で、介護《かいご》とは一切《いっさい》無縁《むえん》のまま旅立《たびだ》ったお年寄《としよ》りがいたとして、その人《ひと》は介護《かいご》サービスを受《う》けられなかったことを残念《ざんねん》に思《おも》うでしょうか――。最期《さいご》まで自分《じぶん》の力《ちから》で生《い》きる。そんな人《ひと》が一人《ひとり》でも増《ふ》えていく社会《しゃかい》は、素敵《すてき》だと思《おも》いませんか。

「介《かい》護《ご》のいらない世《せ》界《かい》をつくるために」

“介護《かいご》のいらない世界《せかい》”を実現《じつげん》する手段《しゅだん》が一《ひと》つだけあります。それは、お年寄《としよ》りが介護《かいご》の必要《ひつよう》な状態《じょうたい》になる前《まえ》に、若《わか》いころから体力《たいりょく》づくりをしたり、食生活《しょくせいかつ》を改善《かいぜん》して病気《びょうき》にならないようにすることです。また、介護《かいご》が必要《ひつよう》になったとしても、それ以上状態《いじょうじょうたい》が悪《わる》くならないようにすることです。これを「介護予防《かいごよぼう》」といい、国《くに》は地域《ちいき》と一体《いったい》となってこの介護予防《かいごよぼう》の考《かんが》え方《かた》を広《ひろ》めています。

また国《くに》は、健康寿命《けんこうじゅみょう》を延《の》ばすことに力《ちから》を入《い》れています。平均寿命《へいきんじゅみょう》が単純《たんじゅん》に人《ひと》が亡《な》くなるまでの年月《ねんげつ》、つまり何歳《なんさい》まで生《い》きたかの数字《すうじ》であるのに対《たい》して、健康寿命《けんこうじゅみょう》は、健康《けんこう》でいられた間《あいだ》の歳月《さいげつ》をいいます。

多《おお》くの人《ひと》はある日突然死《ひとつぜんし》ぬのではなく、亡《な》くなるまでの間《あいだ》に病気《びょうき》になり、あるいは障《しょう》がいをもつなどして日常生活《にちじょうせいかつ》ができなくなる期間《きかん》を過《す》ごし、そこから体力《たいりょく》がつきて死《し》にいたります。

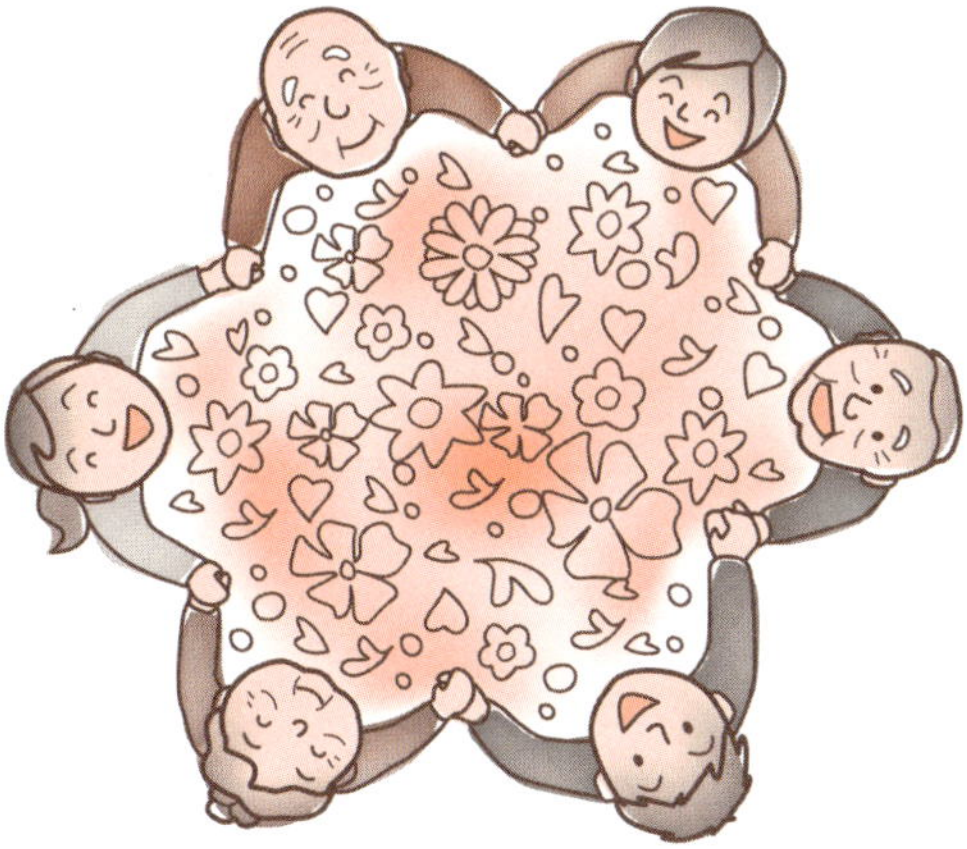

この期間《きかん》が短《みじか》ければ短《みじか》いほど、介護《かいご》サービスを利用《りよう》する期間《きかん》は短《みじか》くなり、健康《けんこう》で生《い》き生《い》きとした暮《く》らしを続《つづ》けたことになるのです。ピンピンコロリ――すなわち、ついさっきまでピンピンしていて死《し》ぬときはコロリと何《なん》の苦《くる》しみもなく旅立《たびだ》つことが、私《わたし》たちの理想的《りそうてき》な死《し》に方《かた》なのです。

健康寿命《けんこうじゅみょう》が平均寿命《へいきんじゅみょう》よりも重要《じゅうよう》といわれる理由《りゆう》はここにあります。

介護《かいご》は子《こ》どもから最《もっと》もかけ離《はな》れたテーマの一《ひと》つです。なかなか理解《りかい》が難《むずか》しいと思《おも》います。それでもこうしてお話《はなし》を続《つづ》けてきたのは、あと何十年《なんじゅうねん》か先《さき》、みなさんが〝介護《かいご》のいらない世界《せかい》〟を生《い》きていてほしいと考《かんが》えるからです。

ちなみに日本人《にほんじん》の健康寿命《けんこうじゅみょう》は、男性《だんせい》71・19歳《さい》（平均寿命《へいきんじゅみょう》80・50歳《さい》）、女性《じょせい》74・21歳《さい》（平均寿命《へいきんじゅみょう》86・83歳《さい》）です。

子《こ》どものうちから健康《けんこう》に気《き》をつけて、スポーツや遊《あそ》びを通《つう》じて体力《たいりょく》づくりを続《つづ》けていけば、健康《けんこう》寿命《じゅみょう》はぐんと伸《の》びると思《おも》います。

あとがき

ご父兄の皆さまへ

人はイマジネーションの生き物といわれます。人間が他の動物と大きく違う点は、「想像力」を働かせることができること。自分の経験をもとに次に起きる事態を予測して生命の危機を回避したり、便利な道具をつくり技術を生み出して、種族の繁栄につなげることができます。

「子どもと介護」という課題について考えるとき、考慮しなければならないのが、子どもはこのイマジネーションを働かせにくいことです。

大人が年老いた親の世話をしたり、ごく自然に病人や障害者など社会的弱者に支援の手を差しのべられるのも、イマジネーションのなせる業です。自分もやがて老いることが分かっているから、あるいは病気やケガで不自由な経験があるから人の痛みが分かり、介護という行為をすんなり理解できるのです。

子どもはどうでしょうか。今まさに成長の真っただ中にある子どもたちは、介護とは最も距離のある存在といえるでしょう。たかだか10年の生の記憶・体験から、歩けなくなる、自分で服を着れなくなる、下の世話をしてもらう日がくることをイメージしろといっても無理な話です。昔のように祖父母と同居しているならまだしも、核家族化が進んだ今日、お年寄りの日々の暮らしぶりをつぶさに見る機会すらないのが実情です。介護がこれだけ日常化しているにもかかわらず、これは非常に残念で憂慮すべき事態といわざるを得ません。

今日、国際化が進んで小学校でも英語を教えるようになりました。子どものころから英語に親しんでおくことが上達の早道であるからです。翻って介護はどうでしょうか。子どものころから理解を深めておくべき課題であるにもかかわらず、高齢化が進んだので介護の授業を始めたという小学校の話はあまり聞きません。もし、それが実現したとしても、老化のイマジネーションを持てない彼らにどうやって教えるか、社会の構成員の一人として介護への参加をいかに促すかを説くのは至難の業といえましょう。

本書は、ライフスタイルの中に介護が定着した時代を生きる子どもたちの、介護の手ほどきになればという思いで企画されました。介護について思いをめぐらす糸口になれば、子どもたちと介護との距離を少しでも縮めることができれば、発行の目的は達成されたと考えております。

平尾俊郎（ひらお・としろう）
1952年、神奈川県生まれ。大学卒業後、就職情報誌や企業広報などの編集業務を経て、1982年にフリーライターとして独立。ビジネス、教育などの分野で執筆を行う。2006年より介護業界大手の季刊誌制作に従事。今日まで多数の高齢者介護施設や介護業界関係者の取材経験を持つ。著書に『20年後・くらしの未来図』（新潮社）、『教育で「未来」をひらけ／創価大の果敢な挑戦ドキュメント』（毎日新聞社）など。

子どもたちに
“介護のほんとう”を伝える本
介護ってなに？

2016年7月15日　初版第1刷発行

著　　　者　平尾俊郎
企画編集　日本医療企画 教育・出版事業本部
発 行 者　林　諄
発 行 所　株式会社日本医療企画
〒101-0033　東京都千代田区神田岩本町4-14　神田平成ビル
TEL. 03-3256-2861（代表）
印 刷 所　図書印刷株式会社

ISBN 978-4-86439-483-3　C0037　定価は表紙に表示しています。